UNE MÉDIATION

DES

PROTESTANTS D'ALLEMAGNE

ENTRE LA FRANCE ET L'ANGLETERRE

AU MILIEU DU XVIe SIÈCLE

PAR

GEORGES SALLES

AUXILIAIRE DE L'INSTITUT (ACADÉMIE DES SCIENCES MORALES ET POLITIQUES)

ANCIEN ÉLÈVE DE L'ÉCOLE DES CHARTES

COMMUNICATION

Faite le 3 Septembre 1898

AU CONGRÈS D'HISTOIRE DIPLOMATIQUE, A LA HAYE

PARIS

TYPOGRAPHIE DE E. PLON, NOURRIT ET Cie

RUE GARANCIÈRE, 8

—

1899

UNE MÉDIATION

DES

PROTESTANTS D'ALLEMAGNE

PARIS

TYPOGRAPHIE DE E. PLON, NOURRIT ET Cie

Rue Garancière, 8.

UNE MÉDIATION

DES

PROTESTANTS D'ALLEMAGNE

ENTRE LA FRANCE ET L'ANGLETERRE

AU MILIEU DU XVIe SIÈCLE

PAR

GEORGES SALLES

AUXILIAIRE DE L'INSTITUT (ACADÉMIE DES SCIENCES MORALES ET POLITIQUES)

ANCIEN ÉLÈVE DE L'ÉCOLE DES CHARTES

COMMUNICATION

Faite le 3 Septembre 1898

AU CONGRÈS D'HISTOIRE DIPLOMATIQUE, A LA HAYE

PARIS

TYPOGRAPHIE DE E. PLON, NOURRIT ET Cie

RUE GARANCIÈRE, 8

1899

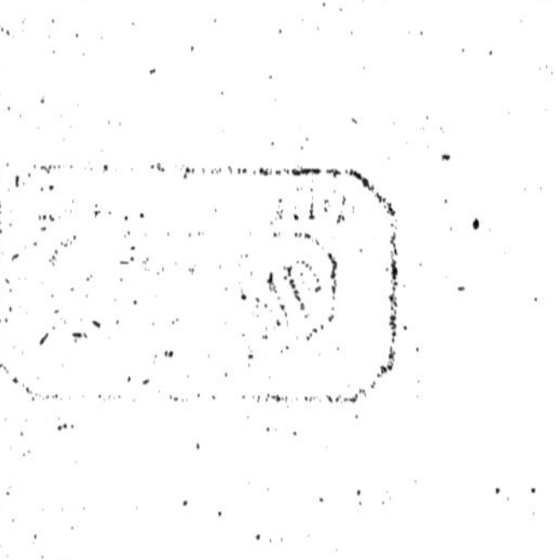

UNE MÉDIATION

DES PROTESTANTS D'ALLEMAGNE

ENTRE LA FRANCE ET L'ANGLETERRE

AU MILIEU DU XVI° SIÈCLE

Nous avons eu de trop récents exemples des heureux effets de l'intervention d'une ou plusieurs puissances neutres entre deux pays belligérants pour qu'il soit utile d'insister sur les avantages que présente une semblable action de la diplomatie. Tout comme de nos jours, les médiations et les arbitrages furent assez fréquents au moyen âge et au temps de la Renaissance. On recourait généralement, en pareil cas, aux plus hautes autorités morales. Les papes furent incontestablement, pour ce motif, ceux qui rendirent le plus de services de ce genre. De même, saint Louis, par ses vertus, s'était acquis des droits personnels à la confiance des princes étrangers. — Mais un fait sans précédents, ce fut de voir François Ier, roi « très chrétien », solliciter, en 1545, d'une association d'hérétiques organisée en corps politique, la ligue de Smalkalde, d'être médiatrice et même arbitre entre lui et le roi d'Angleterre. Sans doute, les relations à peu près avouées que le roi de France entretenait depuis plusieurs années avec les protestants d'Allemagne avaient préparé les esprits à ne pas s'étonner outre mesure de cette action extraordinaire. C'était seulement la consécration patente et officielle d'une transformation de la politique dans un sens absolument opposé aux idées du moyen âge.

Une pareille conséquence de cette politique n'en constituait pas moins une véritable nouveauté.

I

Par suite de quelles circonstances François Ier songea-t-il à s'adresser à la ligue de Smalkalde ?

Il sortait d'une guerre périlleuse contre Charles-Quint, guerre au courant de laquelle Henri VIII, s'alliant à l'Empereur, s'était emparé de Boulogne. Charles-Quint avait fait sa paix particulière, tandis que le roi d'Angleterre avait continué les hostilités. Les deux parties belligérantes désiraient la paix, mais elles ne voulaient rien céder de certaines de leurs prétentions. Quels médiateurs pouvaient intervenir ? Le Pape, qui si souvent s'était interposé entre Charles-Quint et François Ier, ne pouvait que souhaiter la ruine du schismatique Henri VIII, et, par conséquent, la continuation de la guerre. L'Empereur trouvait un avantage à ce que la France fût occupée ailleurs et s'affaiblît dans une lutte stérile. Ses efforts ne pouvaient donc être sincères. C'est pour ces motifs que François Ier recourut aux protestants d'Allemagne. Ceux-ci avaient, au contraire, intérêt, nous le verrons, au rétablissement de la paix. Le roi de France, il est vrai, montrait bien ainsi, ouvertement, qu'il préférait au secours de l'Empereur, souverain catholique, celui des sujets hérétiques de ce prince, double raison qui aurait pu le faire reculer. Le nonce en France ne pouvait pas y croire, tant cette conduite lui semblait « indigne de cette couronne ». On le laissa dire. Le roi sollicita la médiation des protestants, dont les envoyés s'efforcèrent, de septembre à décembre 1545, de trouver un terrain d'entente. Il accepta jusqu'à *l'arbitrage* de la ligue de Smalkalde, et ce fut Henri VIII qui refusa ce dernier moyen. Seule, donc, une simple *médiation* s'exerça effectivement.

Les négociations de paix, dont on peut connaître tous les détails, ne sont pas très fréquentes pour la première moitié du

XVIe siècle. Les archives contiennent généralement, pour cette période, de regrettables lacunes. J'ai donc considéré comme une bonne fortune d'avoir pu découvrir en divers dépôts d'Angleterre, d'Allemagne, de France, et même aux archives du Vatican, des documents permettant de fournir un spécimen des négociations d'alors, à l'aide de dépêches émanant de plusieurs côtés et se contrôlant mutuellement[1]. Avant de résumer, d'après ces sources, les efforts que l'on fit, de part et d'autre, pour ramener la paix, il nous faut examiner sommairement quelles étaient les difficultés à aplanir, c'est-à-dire les prétentions des deux souverains.

II

La première de toutes ces difficultés était la question de la possession de Boulogne. Les conquêtes du genre de celle que venait de faire Henri VIII se rendent généralement à la paix. Cependant ce prince voulait absolument garder cette ville.

Il avait pour cela des motifs de divers ordres :

On sait combien il était utile à l'Angleterre d'alors, tant au point de vue commercial qu'au point de vue militaire, d'avoir un point d'appui sur le continent, ce qui en faisait, dans une certaine mesure, une puissance continentale.

[1] Sur ces négociations j'ai consulté spécialement : *Sources anglaises,* manuscrites : *Record Office,* à Londres, $\frac{BB}{1}$, $\frac{BB}{283}$, $\frac{BB}{525}$, $\frac{BB}{846}$, $\frac{BB}{905}$; imprimées : *State Papers published under the authority of Her Majesty's Commission,* King Henry the Eighth, Londres, 1849. 4°, volume X, passim, et spécialement p. 520, 538, 566, 644 et suiv., 648, 712 et suiv., 728, 731, 757 et suiv., 761, 768 et suiv., 774 et suiv., 780 à 782, 795 à 798, 800, 806, 815, 836. — *Sources françaises,* manuscrites : « Advis d'aucuns moïens, etc... » : *Bibl. nationale : Mss. Dupuy,* t. 152, fol. 86 v° à 88 v°; et mss. fr. 2937, 3880, 23515. « Propositions, etc. » Dup. 152, fol. 88 v° et 89. Cf. aussi *ibid.,* fol. 83 v°, 84 v°. — *Sources allemandes, manuscrites : Archives de Marburg,* liasse Frankreich, Acten Landgr. Philipps... Relation de Jean Sturm, 1546. 10 décembre. — Pièces annexées de même date. Ces documents sont en double aux Arch. Ernest. de Weimar. Cf. également *Arch. de Weimar,* H. fol. 266, n° 206. — *Sources diverses,* manuscrites : *Archives nationales,* à Paris, K. 1485, B. 4, n°ˢ 102, 105. — *Archivio secreto Vaticano,* Arm. VIII, Ord., 1, vol M., fol. 53. — *Archives royales de Bruxelles,* Papiers d'État, vol. 152, fol. 290, 302; — imprimées : *Geiger, Forschungen zur deutschen Geschichte,* t. X (1870), p. 183 et passim.

On peut croire, il est vrai, que c'est la perte de Calais qui a révélé à ce pays sa vocation maritime spéciale, en le *jetant à la mer*, si l'on me permet l'expression. Mais, si ce fut, probablement, un mal pour un bien, il était, du moins, difficile aux contemporains de deviner l'influence bienfaisante que le bouleversement de ces conditions d'existence devait avoir à la longue; et, dans l'état actuel des choses, des possessions continentales de l'autre côté du détroit étaient jugées, à bon droit, nécessaires, par les Anglais, pour relier leur pays au continent.

Or, la domination anglaise n'était pas assez solidement assise par l'occupation de Calais et du petit territoire entourant cette ville. La réunion de Boulogne à Calais était seule susceptible de l'affermir. Autrement, et l'événement l'a prouvé, un coup de main restait toujours possible. Si le Boulonais avait été entre les mains de l'Angleterre, il est à peu près certain que ce dernier pays n'aurait pas perdu, sous Henri II, le dernier lambeau de la France qu'il eût conservé. Longtemps encore il l'eût gardé, — comme Gibraltar. La transformation résultant de cette perte eût donc été tout au moins retardée.

A un point de vue beaucoup moins général, celui de la sécurité de la marine anglaise dans le détroit, l'occupation de Boulogne était d'ailleurs également fort désirable.

C'était donc chez Henri VIII une idée fixe de posséder cette ville. A chaque occasion, durant son règne, nous le voyons essayer de l'acquérir. Il allait jusqu'à offrir, en 1526, de renoncer, en échange, au titre de « roi de France », dont il se parait avec tant d'orgueil en tête de tous ses actes publics. On juge, par le sacrifice, du prix qu'il attachait à la satisfaction de son désir. Il prétendait, non sans une certaine exagération, que depuis quatre siècles ses aïeux souhaitaient vainement conquérir Boulogne, et que son peuple était, sur ce point, avec lui en communauté d'idées. Aussi, avec quel soin jaloux il défendait sa nouvelle acquisition!

Il avait d'ailleurs à cela un autre grand intérêt.

L'Angleterre était alors un petit État dont la population représentait, croit-on, à peu près le quart de celle de la France et était inférieure à celle de la république de Venise. Elle avait perdu, sous Henri VII, ses qualités militaires, et n'avait pourtant pas retrouvé, depuis la fin de la guerre de Cent ans, la moindre activité industrielle. Le pays était pauvre, partant les revenus de l'État peu considérables. L'opinion générale, en Europe, était que l'Angleterre était très faible.

Dans ces conditions, c'était pour ce pays faire preuve de vitalité que de conserver Boulogne. Et Henri VIII avait d'autant plus besoin de se faire respecter — de ce respect qu'inspire la force — qu'il avait toujours à craindre que le Pape ne parvînt à unir contre lui toute l'Europe catholique. — D'ailleurs, il faut l'avouer, il était très vaniteux, et la gloire militaire ne l'avait pas gâté. Il n'avait guère connu que des succès de théologien ou de diplomate. Il souhaitait que la postérité eût au moins à mettre à son actif une conquête. N'avait-il pas affiché, deux ans auparavant, la prétention de reconquérir même la Normandie et la Guyenne?

Il y avait un inconvénient à la politique de Henri VIII : c'est qu'elle n'était pas en rapport avec les forces dont il voulait précisément faire parade. C'est l'éternelle histoire de la grenouille qui veut se faire plus grosse que le bœuf. Le roi d'Angleterre en était réduit à des expédients financiers qui ne pouvaient soutenir que quelques mois les apparences. Son conseil était unanime sur ce point qu'il fallait se défaire de Boulogne au plus tôt. Les conseillers rappelaient à ce propos un reproche que l'on adressait communément à leur nation : « Que l'Anglais serait parfait s'il savait abandonner à propos ce qu'il avait, ou en d'autres termes : « *tollere manum de tabula.* »

Quant à François Ier, il est inutile d'insister sur les motifs qui lui faisaient désirer ardemment de recouvrer une ville qui était un très ancien fief de la couronne, et qu'il avait, d'ailleurs, intérêt à arracher aux Anglais par les raisons mêmes qui les portaient à la conserver.

Voilà donc une première difficulté d'une solution peu aisée.

*

Il en était une autre : François Iᵉʳ exigeait que les Écossais, ses alliés, également en guerre avec l'Angleterre, fussent compris, sans conditions, dans la paix. Henri VIII, au contraire, ne consentait à les y faire participer que si son fils Édouard était agréé comme époux de la jeune reine Marie Stuart, unique héritière de Jacques V et encore sous la tutelle de sa mère. L'Angleterre ne voulait pas laisser échapper cette occasion si longtemps rêvée d'absorber un pays, qui, sans être assez fort pour la conquérir elle-même, était une cause permanente de faiblesse. Nous venons de constater l'infériorité de l'Angleterre à cette époque. Celle-ci n'était-elle pas restée la même, en perdant même de ses forces, tandis que la France grandissait ? Il y avait donc pour elle un intérêt primordial à s'adjoindre l'Écosse, et on peut bien dire qu'elle était alors à un tournant de son histoire. En revanche, la France, ne pouvant que gagner à l'affaiblissement d'une rivale, était l'alliée-née des Écossais, chez lesquels elle entretenait des factions hostiles aux Anglais. L'honneur lui interdisait d'ailleurs, dans la circonstance, d'abandonner ses alliés.

Tel était le second obstacle sérieux à la paix. Il existait bien aussi des difficultés financières. Henri VIII réclamait au roi de France des pensions, une indemnité de guerre. Mais la question d'argent, en pareil cas, est plutôt secondaire, et pour obtenir gain de cause sur les points qu'ils avaient à cœur, les deux souverains étaient disposés, l'un et l'autre, à tous les sacrifices pécuniaires.

III

Tels étaient les problèmes qui se posaient au moment qui nous occupe. — Comment s'engagèrent les négociations ?

Le 12 juillet 1545, un messager remettait au cardinal du Bellay une lettre d'un des correspondants habituels de ce prélat, le professeur protestant Sturm. Le messager parle incidemment du regret qu'éprouvent les confédérés de Smalkalde en voyant la guerre se perpétuer. Il est écouté avec attention et reçu le lendemain par le roi de France. Ce prince exprime la satisfaction que lui causerait une intervention des protestants, et va même jusqu'à lui indiquer à quelles conditions la paix lui semble possible. Bientôt, Sturm reçoit de l'amiral d'Annebaut, du cardinal du Bellay, du Dauphin, des lettres dans le même sens. Informé de ce qui se passe, Henri VIII consent volontiers à négocier par l'intermédiaire de la ligue. Sur ces entrefaites, l'Empereur s'est aperçu qu'il est urgent de s'occuper d'une affaire dont d'autres vont peut-être se charger à son détriment. Il offre ses bons offices au roi d'Angleterre, qui accepte son intervention en même temps que celle des protestants, par une lettre identique, copiée sur la même minute.

C'est ainsi que des pourparlers furent engagés de deux côtés à la fois. Le roi de France avait eu l'initiative du choix des protestants comme intermédiaires, mais le piquant procédé de Henri VIII, écrivant ces deux lettres simultanément, ne dénote guère une parfaite sincérité à l'égard de son allié Charles-Quint. Quelque temps après, l'Empereur ayant fait sentir aux deux souverains qu'il n'ignorait pas ce qui se passait, ces derniers cherchèrent à rejeter l'un sur l'autre le tort de cette préférence pour ses sujets, injurieuse pour lui. Charles prit le parti de plaisanter, disant, notamment, du roi de France qu'il « avait deux cordes à son arc, qu'il pouvait user de celle qui lui plaisait mieux, et qu'il ferait bien de choisir la meilleure ». Au fond il était fort contrarié de n'être pas seul médiateur.

D'abord, cela lui enlevait la possibilité d'entraver des négociations de paix qu'il craignait de voir aboutir. Ensuite, il eût été dangereux pour lui que, pour comble de malheur, ce fussent justement les protestants, auxquels il se préparait à faire la guerre, qui rendissent aux deux princes le service de les réconcilier. Il voulait donc avoir assez l'air de travailler en faveur de la paix pour qu'on le laissât tout diriger et craignait cependant de jouer trop bien son rôle. Il provoqua bientôt, à Bruges, des conférences durant lesquelles il louvoya entre ces deux écueils

Mais François Ier manquait de confiance, de sorte que cette tentative n'eut aucun résultat, malgré la part que prirent à ces pourparlers trois des principaux personnages de la Cour de France, l'amiral d'Annebaut, le chancelier Olivier et le secrétaire Bayard.

François espérait mieux des protestants, qui, non sans quelques hésitations, causées surtout par la crainte d'irriter l'Empereur, avaient fini par se décider à accepter la médiation qui leur était demandée. N'avaient-ils point grand avantage à voir cesser une guerre durant laquelle ils n'avaient de secours à espérer d'aucun des deux pays? Et si c'était leur intervention qui ramenait la paix, ne pouvaient-ils se flatter de l'espoir d'être aidés contre l'Empereur par la France ou l'Angleterre, sinon par les deux?

Ces considérations prévalurent auprès des princes et des villes, et l'on décida d'envoyer, à chacune des deux cours, des ambassadeurs qui furent chargés de rechercher un terrain d'entente, en se communiquant le résultat de leurs observations mutuelles. Bruno de Niedbruk, beau-père du célèbre historien Jean Sleidan, et Jean Sturm prirent le chemin de la France. Louis de Bambach, maréchal de Hesse, et Jean Sleidan lui-même se rendirent auprès de Henri VIII. Ce furent les deux premiers qui eurent dans les négociations le rôle le plus actif. Cependant, ils commencèrent par une maladresse, car ils remirent, par erreur, au roi de France, la lettre de créance qui était destinée à Henri VIII. François Ier, sans regarder la suscription, rompit vivement le cachet, car, disait un ambassadeur anglais, « les Français sont prompts », et ne s'aperçut de l'erreur qu'à la lecture. Les deux ambassadeurs envoyés en Angleterre durent donc se contenter d'emporter des lettres de créance émanant de leurs deux collègues restés en France, ce qui ne surprit pas peu Henri VIII. Celui-ci ne fut instruit que plus tard des causes de cette irrégularité de forme.

Ce ne fut peut-être pas le seul reproche que François Ier eut à faire à ces négociateurs. S'il faut en croire une mauvaise langue (l'ambassadeur impérial en France), « il en fit peu d'estime et de cas.... disant qu'ils ne sçavoient negocier et que c'estoyent rudes gens ». Le sens de « rudes » est précisé par une autre relation en anglais d'après laquelle — le mot est vif, mais il faut bien traduire littéralement — le roi les trouva « bêtes ». C'est peut-être là le résultat d'une simple boutade. François en était coutumier. C'étaient certainement des diplomates improvisés, sans aucune expérience.

Ces deux pauvres envoyés travaillèrent de leur mieux à la cour de France durant six semaines (du 7 septembre au 22 octobre) à trouver un moyen d'accommodement. Ils n'avaient pas été longtemps à se rendre compte qu'il y aurait impossibilité à faire la paix, si on n'admettait pas la restitution de Boulogne à la France, la compréhension des Écossais dans la paix et, d'autre part, le payement par François Ier de la pension et des arrérages. Ce fut à eux un mérite de l'avoir saisi. Ils se torturèrent donc l'esprit et ne trouvèrent pas moins de neuf moyens d'accord, qui furent, des deux côtés, trouvés aussi inadmissibles les uns que les autres. Ils se rabattirent alors sur un dixième : un arbitrage de la ligue de Smalkalde, laquelle tiendrait Boulogne sous séquestre et rendrait cette ville à qui elle jugerait y avoir droit. François Ier accepta ce moyen. Henri VIII ne voulut pas en entendre parler. Alors, désespérés, les deux ambassadeurs partirent tout à coup, sans même s'excuser, pour regagner leur pays. Mais, à peu de distance de la cour, ils furent rejoints par un courrier envoyé par leurs deux collègues, qui séjournaient auprès de Henri VIII. Les nouvelles qu'ils reçurent les firent changer d'avis et rebrousser chemin jusqu'à Ardres. Une lueur d'espoir venait de surgir. Le roi d'Angleterre proposait d'envoyer des commissaires qui traiteraient directement avec ceux que François Ier voudrait déléguer lui-même.

IV

Nous arrivons à une seconde phase de la médiation des protestants : l'institution de conférences officielles entre les deux parties belligérantes.

François Ier ne s'étant pas fait prier pour accepter l'offre de Henri VIII, celui-ci envoya comme ambassadeur principal (avec deux comparses) Paget, qui était son bras droit, celui de ses deux secrétaires d'État qui s'occupait spécialement des affaires étrangères. Le roi de France choisit, comme chef de son ambassade, un personnage moins considérable, le président au Parlement de Rouen, Rémond. Les commissaires anglais, accompagnés, selon l'usage, d'une nombreuse suite (il y avait 60 chevaux !), se rendirent à Calais, où il était convenu qu'ils résideraient. Paget arriva le 20 novembre, amenant de nombreux secrétaires (un secrétaire principal, celui du conseil, celui de la signature, les secrétaires latins, français, etc.). Deux ou trois jours plus tard, l'ambassade française moins bien escortée (40 chevaux seulement) parvenait à Ardres, lieu désigné pour son séjour. Les quatre envoyés protestants allaient des uns aux autres. La première question à résoudre fut celle de l'endroit où auraient lieu les conférences. On décida qu'une tente serait dressée sur les limites des territoires des deux souverains, à Balinghen, de façon que la moitié en fût placée du côté anglais, l'autre du côté français. La première conférence eut lieu le 26 novembre. Lorsque les deux ambassades, anglaise et française, approchèrent, les quatre délégués remplirent leurs devoirs de médiateurs, en intervertissant, toutefois, leur rôle ordinaire ; Sturm et Bruno, qui avaient été spécialement adressés au roi de France, s'avancèrent vers les Anglais, tandis que, par contre, Sleidan et le maréchal de Hesse allaient aux Français. De part et d'autre, le nom de Dieu « spectateur de la conférence » fut pieusement rappelé, les ambassades se souhaitèrent réciproquement la bienvenue, et on s'assit. Sturm prononça quelques mots en latin. Il employait cette langue à la demande de Paget, tandis que les Français se servaient de leur langue, qui était la vraie langue diplomatique.

Sturm proposait au choix des deux souverains trois mesures qui devaient être soumises à leur examen. C'étaient : une trêve de 10 mois — ou bien l'indication d'un lieu où d'autres conférences auraient lieu le 1ᵉʳ mai suivant, des personnages très importants devant être envoyés, en ce cas, par la ligue de Smalkalde pour servir de médiateurs — ou enfin la remise de Boulogne sous le séquestre des protestants, qui seraient pris pour arbitres, moyen déjà proposé précédemment.

Les médiateurs, ne pouvant recevoir une réponse immédiate, se retirèrent, croyant préférable de laisser les deux parties intéressées seules en présence. En quoi ils montrèrent une discrétion intempestive, car, aussitôt seuls et livrés à eux-mêmes, les commissaires des deux pays se mirent à formuler leurs exigences contradictoires, à rechercher les causes de la guerre, et de quel côté était le bon droit, et à disserter ainsi à perte de vue sans obtenir aucun résultat. Enfin ils se quittèrent avec la persuasion qu'ils ne réussiraient pas à s'accorder. — Cette première conférence fut en même temps la dernière ; et cependant les plénipotentiaires français et anglais attendaient encore plus d'un mois après, les uns à Ardres, les autres à Calais, avec l'espoir de conclure la paix. C'est qu'une négociation officieuse, qui promettait beaucoup plus de fruits, avait commencé parallèlement aux conférences officielles.

V

. Pour se rendre un compte exact des circonstances qui amenèrent cette transformation, il faut jeter un coup d'œil sur l'état des factions de la cour de France, à cette époque [1]. Depuis

---

[1] Cf. *Archives nationales à Paris*, K 1486, B. 5, nᵒˢ 14, 17, 20. — *Archives de Bruxelles*, Cartul. et mss. vol. 176'... *Archives de Marburg*, liasse Frankreich.

quelques années, Montmorency était en disgrâce. L'amiral d'Annebaut lui avait succédé à la tête des affaires de l'État, affaires
dont il partageait la charge avec le cardinal de Tournon et, en
seconde ligne, avec le secrétaire Bayard. Cette trinité, grâce à
l'effacement du timide chancelier Olivier, avait seule, en droit et
régulièrement, la direction de toutes les affaires que le roi ne
réglait pas lui-même. Mais, à côté du gouvernement officiel, il
existait auprès du roi des influences officieuses, agissant par
persuasion, et qui souvent n'étaient pas moins puissantes.

Il y avait d'abord la duchesse d'Étampes restée, même à cette
époque, la grande passion du roi. C'était une habile politique.
J'ai trouvé dans une relation d'un ambassadeur allemand des
détails inédits sur ses procédés de gouvernement. Jamais, au
dire de ce personnage, elle ne heurtait de front une opinion
qu'elle voyait ancrée dans l'esprit de François ; elle abondait
alors dans son sens, attendant que le vent tournât, ou qu'il se
présentât une occasion plus favorable de convaincre le roi. Si,
après avoir sondé les dispositions de celui-ci, elle le voyait, au
contraire, plutôt disposé à vouloir ce qu'elle désirait secrètement,
elle s'arrangeait si bien qu'elle lui faisait prendre vite une déci-
sion ferme, contre laquelle personne ne pouvait plus rien.

Autour de la duchesse gravitaient Marguerite de Navarre,
la sœur tant aimée de François Ier, le sieur de Longueval, homme
intelligent que l'amiral et Tournon craignaient, nous dit un con-
temporain, « comme le diable », puis l'habile et fin cardinal du
Bellay, les cardinaux de Lorraine et de Ferrare, etc.

Dans cette cour, il n'était personne qui ne fît des vœux pour
le succès de la médiation des protestants. Mais Annebaut, Tournon et Bayard, plutôt partisans de l'alliance impériale, ne recou-
raient à ceux-ci que faute de mieux, et pour mettre fin à une
guerre dont les responsabilités et le poids retombaient sur eux.
Au contraire, la faction de Mme d'Étampes, à laquelle, dans la

Sendung des Ulrich Geiger, etc. 1545, octobre : Geiger à Simon Bing, 2 nov.
1545. — Desjardins : *Négociations de la France avec la Toscane* (Collection
des Documents inédits), t. III, p. 147, 149, 151.

circonstance, se joignait le Dauphin, désirait que la médiation de la ligue de Smalkalde devînt l'origine d'une alliance de celle-ci avec la France contre l'Empereur, et cela presque uniquement pour faire échec à la politique de l'amiral. Chose étrange que l'influence de ces luttes mesquines sur la direction des affaires ! A ce moment, la coterie de Mme d'Étampes était justement la plus forte. On répétait partout, empruntant une comparaison à une science alors fort en faveur, l'astrologie, que « la planète Vénus dominait durant toute cette année et l'emportait spéciale-ment sur la planète Mars », cette dernière symbolisant l'amiral.

Après ce que nous savons de la cour, il ne nous sera pas diffi-cile de comprendre ce qui va se passer. Au milieu de novembre, Mme d'Étampes, tandis que son grand rival l'amiral d'Annebaut travaille vainement à Bruges pour la paix, cherche à profiter de cet éloignement pour avoir sa petite négociation à elle, et, voulant enlever la position sans coup férir, avant qu'on puisse détruire son ouvrage, elle sollicite du roi des conditions plus avantageuses pour l'Angleterre que celles qui ont été présentées à Bruges par l'amiral. Il est entendu que tout aura lieu à l'insu de ce dernier, qui n'en saura jamais rien. C'est une négociation passant par-dessus la tête des *ministres,* un « secret du roi ». François Iᵉʳ ne sait pas résister, et, le 20 novembre, les ambas-sadeurs protestants voient arriver à Ardres un personnage secondaire nommé Laplanche, qui leur présente des créances de Longueval, à eux adressées. L'envoyé officieux apporte des ouvertures nouvelles, qu'il attribue à la duchesse seule, le roi lui ayant interdit de le découvrir. La proposition par la France de ces conditions constitue un sérieux pas en avant. Elle marque aussi le commencement de la troisième et dernière forme de négociation employée au cours de la médiation des protestants.

VI

Nous avons vu précédemment Sturm et Bruno imaginer jus-qu'à dix moyens de conciliation entre les deux princes au sujet de la possession de Boulogne. Laplanche en apportait un autre qui présentait beaucoup plus de chances de succès, tellement qu'il fut admis en principe dès cette négociation et adopté définitivement lors de la conclusion de la paix : Boulogne devait rester en gage aux mains de Henri VIII tant que François Ier n'aurait pas versé à l'Angleterre les sommes qu'il promettait; après quoi cette ville serait restituée à la France. Il y avait là une part d'imprévu qui ménageait l'amour-propre des Anglais. Ceux-ci espéraient que François se lancerait dans une nouvelle guerre contre l'Empereur et, ne pouvant payer les sommes promises, devrait leur laisser leur gage. On racontait à ce propos une anecdote qui courait en Flandre et où l'on mettait en scène Louis XI, celle que La Fontaine a reproduite depuis avec des variantes, dans sa fable intitulée « le Charlatan ». Un prisonnier, pour obtenir sa grâce, promettait d'enseigner la parole, dans un certain délai, à l'âne du roi. Il pensait ne pas s'engager à grand'chose, car, disait-il, d'ici là...

Le roi, l'âne ou moi, nous mourrons.

Bon moyen pour certains négociateurs dans l'embarras que de s'en fier au temps, c'est-à-dire, en grande partie, au hasard !

En ce qui concernait l'Écosse (autre pierre d'achoppement), François Ier, d'après les ouvertures de Laplanche, promettrait de s'employer au mariage du prince Édouard avec la jeune reine Marie d'Écosse, « à condition toutefois que la reine douairière et les États y consentissent ». C'était vague. Aussi Laplanche crut-il devoir ajouter qu'on pourrait peut-être stipuler que la jeune reine serait enfermée jusqu'à nubilité, sous la garde des protestants, dans un château d'Écosse. Il outrepassait en cela, semble-t-il, les instructions que le roi lui avait données. Les envoyés protestants accentuèrent la différence en proposant, à la demande de Paget, que le château où séjournerait Marie Stuart fût à la frontière entre l'Écosse et l'Angleterre. Aussi Laplanche, peu rassuré sur l'accueil qui serait fait par François à ces modifications, crut-il devoir repartir pour la cour, afin d'essayer de les faire ratifier.

L'affaire semblait pourtant en bonne voie. Bien que l'ambassadeur anglais se fût récrié, pour la forme, sur la prétendue énormité des demandes de la France, il n'avait pas fait d'objections sérieuses, et on pouvait entrevoir combien il était satisfait de la tournure que prenaient les négociations. Malheureusement, il est vrai, Sturm lui avait indiscrètement fait savoir que ces ouvertures (que ses collègues et lui avaient d'abord, comme il leur était demandé, indiquées comme émanant d'eux-mêmes) venaient d'un envoyé de Mme d'Étampes. Nous verrons les inconvénients de cette indiscrétion. Mais ce ne fut, hélas ! que la moindre des maladresses commises par les négociateurs protestants. — En suivant la même voie avec persévérance, on serait sans doute parvenu à s'entendre. Au contraire, un des envoyés, Bruno, s'avisa d'improviser un autre moyen d'arrangement de son invention. Ce diplomate novice, croyant trop aux protestations de Paget, imagina de mettre en avant, dans une conversation avec cet ambassadeur, une combinaison d'après laquelle Henri VIII renoncerait à toutes dettes et pensions contre la propriété de Boulogne, d'Ardres et du comté de Guines. — Ce manque d'esprit de suite ne tarda pas à porter ses fruits. La négociation dévia. Bruno s'y était pris de telle sorte que Paget n'avait pas pu distinguer s'il s'agissait d'une idée propre à son interlocuteur ou d'une communication autorisée. Dans le doute, entre les deux combinaisons mises en avant, Henri VIII choisit celle qui lui convenait le mieux, et dit à Paget de pousser plus loin dans cette voie. Aussi la seule ouverture ayant chance d'aboutir non seulement ne fit plus un pas en avant, mais en fit beaucoup en arrière.

Tandis qu'on perdait ainsi du temps dans une voie sans issue, les adversaires de l'alliance protestante agissaient. Annebaut et Bayard étaient revenus de Bruges, et, d'autre part, Tournon, ayant eu vent de ce qui s'était passé, avait représenté au roi qu'il ne pouvait honorablement faire, par l'entremise des protestants, des propositions plus favorables que celles qu'il venait de faire présenter par son propre amiral. Laplanche, à son retour à la cour, trouva donc le roi assez ébranlé, et lorsqu'il lui présenta des conditions de paix encore aggravées, celles-ci furent repoussées. A cette nouvelle, Sturm lui-même partit pour la Cour de France, où il resta plus de huit jours. L'insuccès des nouvelles négociations que François Ier avait entreprises auprès de l'Empereur pour faire régler la question du duché de Milan, fit plus que toute la diplomatie de l'envoyé protestant pour la réussite de ses efforts. Marguerite de Navarre et Mme d'Étampes reprirent le dessus. Marguerite envoya Laplanche à Calais porter une lettre d'elle au secrétaire Paget, l'assurant qu'avec la duchesse elle s'employait à modérer les prétentions du roi. « Elle et moy, ajoutait-elle, sommes ungnyes en ung mesme vouloir et marchons d'ung mesme pied, et ne vous a riens esté mandé de son côté, sans avoir esté délibéré d'ung commun consentement. » Triste chose qu'une pareille union de la sœur et de la maîtresse du roi !

VII.

Ces intrigues, et surtout les circonstances, firent que François Ier, et jusqu'à ceux de ses conseillers qui étaient les moins bien disposés pour les protestants, finirent par montrer à ceux-ci meilleur visage. L'amiral et Tournon crurent même politique d'être les premiers à introduire Sturm auprès du roi. A la suite de cette audience, on remit par écrit à l'envoyé protestant des ouvertures absolument conformes à celles que Laplanche avait été précédemment autorisé à présenter, c'est-à-dire très vagues en ce qui concernait l'Écosse : ainsi, le roi de France promettait seulement d'envoyer des ambassadeurs pour négocier le mariage désiré par Henri VIII, mais les Écossais avaient le droit de refuser, et Marie Stuart devait vivre librement dans son royaume. Sturm intrigua encore, et obtint finalement, non sans peine, que si le mariage échouait par la faute des Écossais, François Ier abandonnerait ceux-ci. C'était là une dure et assez honteuse concession, il faut l'avouer! Enfin, le roi de France s'en remettait à l'arbitrage des princes protestants pour la fixation d'une indemnité de guerre, et la sentence des arbitres ne serait rendue qu'après la conclusion de la paix. Ces conditions étaient belles pour les Anglais. Paget avait fait pressentir à peu près à Sturm, avant le départ de celui-ci, que des négociations, dans ce sens, pourraient aboutir. On comprend donc quels furent la surprise et le découragement de Sturm, lorsqu'il vit cette combinaison complètement repoussée par l'ambassadeur anglais. « Vous êtes vraiment trop dur », lui dit-il. C'est que Bruno, nous l'avons vu, avait fait luire, aux yeux de Henri VIII, l'espoir d'obtenir, contre l'abandon de toutes ses créances, Boulogne et les territoires voisins, de sorte que ce fut par la présentation de cette proposition que Paget répondit aux avances de Sturm. Ainsi la maladresse d'un des envoyés protestants détruisait le résultat des efforts de l'autre! Cependant Bruno, à présent mieux inspiré, ne cachait pas à l'ambassadeur anglais que François n'abandonnerait pas Boulogne, fallût-il acheter la neutralité de l'Empereur par une renonciation au Milanais. « Il est, ajoutait le délégué des protestants, si obstiné, que, pourvu que l'œil de son voisin fût arraché, il consentirait à perdre ses deux yeux! » Paget partageait cet avis. D'autre part, Sturm, dans sa joie (et bien que le roi lui eût expressément recommandé de ne pas le découvrir), n'avait pas su dissimuler l'origine des nouvelles ouvertures qu'il apportait triomphalement. Dans ces conditions, pourquoi ne pas en avoir référé à Henri VIII, au lieu de répondre sur-le-champ comme le fit le ministre anglais? Nous trouverons peut-être, tout à l'heure, dans l'examen des procédés généraux de la diplomatie anglaise, une explication de ce fait.

VIII

Sturm, tout déconcerté de ce qu'il considérait comme un échec définitif, était allé consulter à Ardres, le président Rémond,

qui attendait toujours là que les choses fussent assez mûres
pour qu'une nouvelle conférence pût être utilement provoquée.
Fallait-il transmettre à François Ier les demandes territoriales de
Paget? L'ambassadeur français se prononça très énergiquement
pour la négative. Dire un seul mot de ces propositions serait,
disait-il, mettre fin aux négociations. Malheureusement, les protestants étaient pressés de retourner dans leur pays, où on les
réclamait pour l'ouverture de la diète. Ils ne voulurent pas
attendre un revirement des Anglais. Sturm commit la lourde
faute de communiquer au roi de France les conditions de
Paget. Très irrité, François Ier répondit aussitôt qu'il n'abandonnerait pas un pouce de son territoire, ajoutant que s'il avait
pu supposer que tel fût le but poursuivi par Henri VIII, il ne se
fût pas prêté à des conférences. Il réparait son erreur en rap-
pelant ses ambassadeurs. Ceux-ci quittèrent Ardres presque
aussitôt — après que quelques vaines tentatives eurent été
faites pour négocier une trêve — et les protestants regagnèrent
l'Allemagne « comme gens bien marys », disaient-ils, et « tout
d'une traicte ». La guerre contre l'Empereur était proche, et ils
durent bientôt se repentir amèrement de l'échec de leur mission.

Vers le moment même où la réponse de Paget était si malen-
contreusement transmise au roi de France, l'ambassadeur
anglais recevait de son souverain l'acceptation (du moins dans
les grandes lignes, car il restait d'assez importantes divergences
de détail) des ouvertures apportées par Sturm. Si ce dernier
s'était moins pressé, on aurait donc sans doute pu aboutir.
Mais, du moment que la France rompait les négociations, Paget,
quelque partisan qu'il fût des nouvelles concessions de son
maître, ne voulut pas transmettre celles-ci, bien qu'elles lui
fussent parvenues fort avant le départ des Français. Aussi
l'ambassade anglaise regagna-t-elle également son pays.

Ainsi finit cette médiation des protestants. Elle avait été,
malgré son insuccès relatif, loin d'être inutile. On avait posé les
bases d'une entente, et on put recommencer quatre mois après,
utilement cette fois, au point même où on en était resté, sans

revenir sur les solutions acceptées virtuellement de part et d'autre à l'automne de 1545. Pourquoi n'avait-on pas réussi alors? Les maladresses commises ont été relevées en leur lieu, mais il reste à résumer les torts généraux des trois diplomaties qui s'employèrent à ramener la paix.

La diplomatie anglaise, lente et prudente, ne cédait du terrain que pied à pied, faisant souvent deux pas en arrière, quand l'adversaire en faisait un en avant. C'était d'ailleurs (nous l'avons vu, à propos de la conservation de Boulogne) un trait du caractère national, que cette ténacité parfois excessive. Excessive, elle l'était bien dans la circonstance présente, puisqu'il n'existait plus que d'assez légères divergences entre les deux rois, et que, le temps des médiateurs étant limité, on risquait de tout perdre par des atermoiements. Henri VIII n'était-il pas, d'ailleurs, impérieusement poussé par la nécessité à faire la paix? — Pour achever de donner une idée des procédés employés par l'ambassadeur Paget, il suffit de citer, sans commentaire, un extrait de la correspondance de celui-ci avec Henri VIII, vers la fin de son ambassade :

« J'ai loué ou blâmé, écrivait-il, j'ai suscité l'espoir, la crainte, la défiance, la jalousie, les soupçons de part et d'autre ; j'ai *menti* et j'ai dit la vérité, j'ai parlé doucement, avec rudesse ou sur un ton plaisant, j'ai promis présents et pensions ; enfin tout ce qu'il était possible de faire ou de dire dans l'intérêt de nos affaires, je l'ai fait et je l'ai dit. »

Les envoyés allemands, trop inexpérimentés, ne se rendaient pas compte de ces procédés de négociation. De là, plusieurs de leurs erreurs de conduite. Ils attachaient une excessive importance aux feintes indignations et aux artifices des Anglais, et croyaient trop facilement tout perdu. D'autre part, ils découvraient mal à propos le roi de France, ce qui faisait espérer aux Anglais d'obtenir de nouvelles concessions, car ceux-ci ne supposaient pas qu'on pût dire aussi vite son dernier mot. Cela était trop éloigné de leur propre manière d'agir. Enfin, les protestants ne savaient pas ménager les suceptibilités des Français

Ceux-ci avaient le tort d'aller trop droit au fait, découvrant, du premier coup, leur pensée intime, ce qu'ils appelaient « négocier à la française ». Ils passaient, avec une excessive facilité, d'un extrême à l'autre, tant en conséquence des diverses fluctuations de leur politique avec l'Empereur, que par suite du succès passager des intrigues de cour. Enfin ils étaient trop nerveux, trop irritables. La brusque rupture des négociations en est un exemple.

J'ai essayé de démêler la part qui revenait à chacun dans l'échec de la médiation protestante. Il y a là des traits de caractères nationaux qu'il me semble d'autant plus intéressant d'analyser que leur persistance, à d'autres époques, n'est guère douteuse. De tels coups de sonde, jetés à travers l'histoire chaque fois que les renseignements sont assez abondants et assez sûrs, peuvent devenir de précieux documents pour la détermination de la psychologie des peuples par la méthode d'observation.

PARIS

TYPOGRAPHIE DE E. PLON, NOURRIT ET Cie

RUE GARANCIÈRE, 8